7色野菜の便利図鑑

絵と文
植木美江

はじめに

イラストレーターの
植木 美江です。
「美江」と書いて
「よしえ」と読みます。

先日、ワークショップで
小学生に
「ベレーおばさん」と
あだ名をつけられました。

私の住む小金井は
東京といっても
自然がたくさん残る街です。

子どもたちは
河原で
水遊びをしたり
木に登って
カブトムシを
捕まえたり。

湧き水が豊富で
川の水はキレイ。

そして
野菜がおいしい。

数年前、
近所に住む友人と一緒に
私たちの作品や商品を
知ってもらうための
クラフトマルシェを
計画しました。

名前は
「手しごと むすび市」

そこで
街ご自慢の野菜も出したら
みんな喜ぶよね、と
農家さんたちに
協力を仰ぎました。

イベントは大盛況!

とれたて野菜、
野菜スイーツ、
野菜料理、
野菜アクセサリー、
野菜ろうそく、
野菜イラスト、
などなど。

野菜のおかげで
幅広い年代のお客様が
来てくれました。

「手しごと むすび市」 http://musubiichi.seesaa.net/

そのイベントを通して
大勢の方と知り合いました。

イベントに
全面協力してくれた
農家さん

白いズッキーニって
食べたことある？

野菜の庭先販売を
応援する
アーティスト

バーガーフェスを
やったよ

創作野菜料理が
得意なシェフ

野菜づくしの会では
アイデアがいっぱい

野菜スイーツを作る
パティシエンヌ

カブと味噌の
ケーキ

野菜好きな
仲間たち

江戸東京野菜
コンシェルジュ

亀戸大根は
縁起がよいのよ

食育の指導者

かぶの葉は
ジェノベーゼ風に

たくさんの
ことを
教わりました。

そもそも、
好き嫌いがない私。
知れば知るほど
おもしろくなり
いろいろな種類を
食べてみました。

食事は野菜づくし。

こうして
野菜オタクが誕生しました。

毎日の食事や
子どものお弁当は
色数を5色以上にすると
かわいらしく
おいしそうになります。

この本は
色彩豊かな野菜を
絵の具に見立て
7色に分けました。

パラパラとめくって
お目当ての色の野菜を
探してみてください。

忙しいから
キャラ弁は
イベントのときだけ

1 2 3 4 5 6 7

7色あると華やか

色の数だけ
栄養素も
増える

色も形も美しく
独創的な野菜。

調理の時間は
ピカソになったり、モネになったり。
野菜でお皿に絵を描くように
盛り付けを楽しみます。

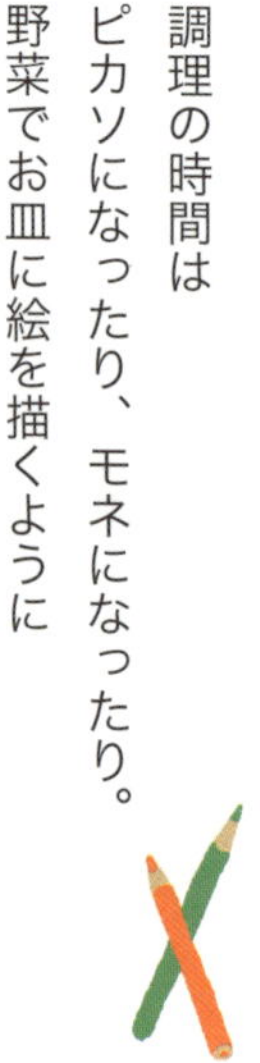

みなさんも
〝野菜でおいしく色遊び〟してみませんか？

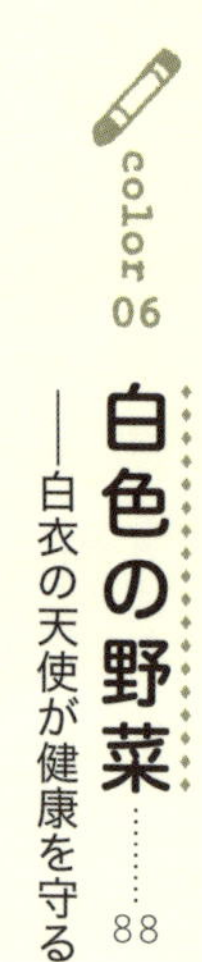

装幀／石間 淳
本文デザイン／OKAPPA DESIGN（伊藤悠）
協力／松嶋あおい（「NPO法人江戸東京野菜コンシェルジュ協会」理事）
編集協力／オフィス201（高野恵子）
編集／鈴木恵美（幻冬舎）

Color 01

赤色の野菜

●誘いにのって思わずパクリ

　果実が成熟すると赤などの目立つ色に変わるのは、鳥や動物に食べてもらい、種子を遠くまで運んでもらうためだといいます。
　一方、果実を食べる動物も、赤い色を見ると「食べたくなる」ようにインプットされているのだとか。オムレツやフライドポテトにかけるケチャップには、そんな効果もありそうですね。
　パッと映える赤は、ホームパーティでも活躍します。お皿は舞台、赤を主演女優として盛り付けると、ゴージャスな一皿のできあがり。

ハレの日には“オール赤”で華やかに

キッチンには香辛料のリースを飾る

とうがらしやアニスを編み込んだリースのおかげで、調理中もいい気分。すぐに使えて便利です。

実 ルビーの輝き トマト

うまみが強い

赤い野菜といえば、生で食べても、煮ても焼いてもおいしいトマト。最近は町中のスーパーでも、たくさんの種類を見かけます。どのトマトがお好き？

ファーストトマト

お尻から放射状の筋がたくさんあるとおいしい♡

とんがり頭が特徴だよ

昭和の人気者

一昔前のトマトはこれ。完熟前に収穫され青味が残るものも。

桃太郎

スーパーによくある品種ダヨ

平成の人気者

果肉がしっかりしていて、熟しても実がくずれにくい。青くささは少ない。

「フルーツトマト」という品種はありません

水分調整栽培などの方法で育て、糖度を高めたものを、まとめてこう呼びます。甘みが強いので、サラダやマリネで。

ぜいたくトマト

甘くて味が濃い。まさにぜいたく。果肉はなめらか〜。

こくみラウンド

真っ赤な色が美しい。生でも加熱してもおいしい。

フルティカ

大玉とミニの中間サイズ。皮が薄いので、そのままパクリ。

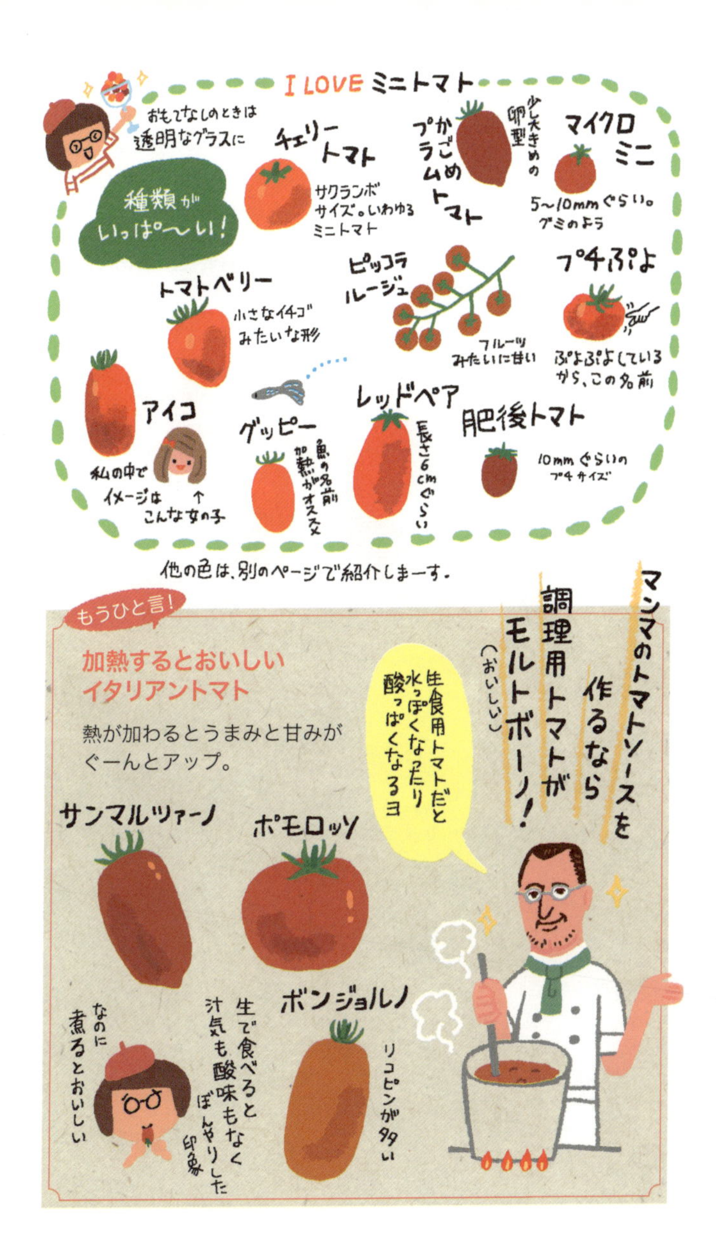

I LOVE ミニトマト
おもてなしのときは透明なグラスに
種類がいっぱ〜い！
チェリートマト
サクランボサイズ。いわゆるミニトマト
かごめプラムトマト
少し大きめの卵型
マイクロミニ
5〜10mmぐらい。グミのよう
トマトベリー
小さなイチゴみたいな形
ピッコラルージュ
フルーツみたいに甘い
プチぷよ
ぷよぷよしているから、この名前
アイコ
私の中でイメージはこんな女の子↑
グッピー
魚の名前 加熱がオススメ
レッドペア
長さ6cmぐらい
肥後トマト
10mmぐらいのプチサイズ
他の色は、別のページで紹介しまーす。
もうひと言！
加熱するとおいしい
イタリアントマト
熱が加わるとうまみと甘みが
ぐーんとアップ。
サンマルツァーノ
ポモロッソ
ボンジョルノ
リコピンが多い
生で食べると汁気も酸味もなくぼんやりした印象
なのに煮るとおいしい
マンマのトマトソースを作るなら調理用トマトがモルトボーノ！
（おいしい）
生食用トマトだと水っぽくなったり酸っぱくなるヨ

辛いもの大好き

あなたの好みの辛さは？

実 とうがらし

辛さの成分のカプサイシンは、体を温める効果があり、ダイエットに効くそうです。適量であれば、消化吸収も助けくれます。

食べてみた感想コメント付

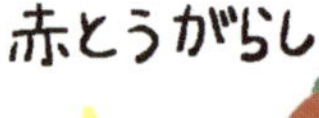

さわやかな辛さ

青唐辛子が熟したもの。おなじみの鷹の爪は、赤とうがらしを乾燥させたもの。旬の季節なら生のものを入手できる。

魔除けに使う地域も

コーレーグースは泡盛の小びんに直接入れてもgood!

沖縄原産。調味料「コーレーグース」は、泡盛に漬けたもの。

島とうがらし

小粒だけどしっかり辛い

韓国とうがらし

韓国原産で、キムチにはかかせない。

うまみと甘みがある

赤い柚子こしょう

熟した柚子でフルーティ

《材料》
・赤とうがらし　2本
・黄色の柚子　4個
・柚子の絞り汁　1/2個
・自然塩　全体の重さの10%

1.とうがらしの種をとり、みじん切りにする
2.柚子の皮をすりおろす
3.全ての材料をすり鉢へねっとりするまで、する

ハバネロ

辛さの中にフルーツの甘みと香り♪

激辛ブームの火付け役。
橙色のハバネロもある。

辛い というか 痛い!

いてて! いてて!
汗がとまらない

測定不能

「キャロライナの 死神」の意味

キャロライナ・リーパー

2013年、ギネスで世界一辛いとうがらしに選ばれた。調理するときは手袋とゴーグルを忘れずに。

トリニダード・スコーピオン・ブッチ・テイラー

キャロライナ・リーパーが登場するまでギネス1位。辛い辛い品種。

お腹が熱い

舌がしびれてもうわかりません!!

※胃腸の弱い方はご注意ください!

辛すぎて食べられないとうがらしの対処法

カプサイシンは、アルコールや酢、油に溶けやすい性質。好みの辛さになるまで、焼酎に漬けて調理するのがオススメです。

実 赤ピーマン

ヘタの切り口がみずみずしいとおいしい

緑ピーマンほど青くささがなく、甘みがある。ビタミンCが多い。

とうがらしとピーマンは親戚なのだ

とうがらしにそっくりなピーマンもある

実 パプリカ

ツヤとハリがあるものがおいしい

ピーマンの大型のものを一般的にはパプリカと呼ぶ。甘みがあり、肉厚でジューシー。

根 赤だいこん

皮も食べよう

近年、赤いだいこんをスーパーで見かけるようになりました。皮は赤く中は白いもの、グラデーションしているものなどさまざま。切り方で多様な見せ方を楽しめます。

皮は朱色、中は純白。小ぶりなサイズで甘みがある。

赤紫色のだいこん。辛みがある。

皮は赤紫色で、中はピンク色。甘みが強い。

少し辛みのある小型だいこん。

皮は薄い黄緑色なのに中は赤い。小型の丸だいこん。

「二十日だいこん」ともいわれる。生長が早い。

各地方の伝統野菜が多い

根 赤かぶ

ほんのり甘〜い

テレビでもおなじみ、和久峻三原作『赤かぶ検事シリーズ』の主人公は、赤かぶの漬物が大好物ですね。あの鮮やかな赤は、漬けると皮の色素が全体に染みるんだそうです。

飛騨紅かぶ

岐阜県高山市の特産。

長崎赤かぶ

長崎特産。下の方が白い。きめ細かい食感。

温海（あつみ）かぶ

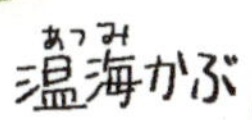

山形特産のかぶ。赤紫色が美しい。

津田かぶ

島根県松江市の特産。牛の角のように曲がった形が特徴。

肘折（ひじおり）かぶ

山形県の特産。だいこんのような形だが味はかぶ。身はかたく、漬物向き。

日野菜かぶ

「日野菜漬け」で有名。かぶの上の方だけ赤い。

あやめ雪

きめが細かくやわらかい。薄紫から白へのグラデーションがキレイ。

かぶの皮と茎が赤い品種。

大野紅（おおのべに）かぶ

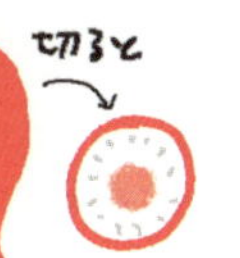

桃色には幸せを感じる

プラス1カラー

テーマカラーに近いもう1色

桃色の野菜

桃や桜の色なら「春」をイメージしますが、ここに集めた桃色野菜の多くは、初夏にかけて旬を迎えます。愛らしく、乙女心をくすぐる桃色をお楽しみください。

ルバーブ

長い茎を食べるタデ科の野菜。とても酸っぱい。ジャムやお菓子作りにピッタリ。

渋い桃色

みょうが

日本以外ではあまり食べないのだとか。この味をわかってもらえないのが残念！

はじかみしょうが

焼き魚のあれ

矢しょうが、芽しょうがとも呼ばれる。甘酢漬けにして料理の彩りに添えられることが多い。

葉しょうが

小指ほどの太さになった若い根を葉つきで収穫したもの。初夏に出回る「谷中（やなか）しょうが」が有名。

桃色ジンジャーに変身

新しょうが

初夏に出回る。通年あるしょうがより色が白く、茎の根元は桃色。生でも食べられるマイルドな辛さ。
ジンジャーシロップを作るときに新しょうがを使うと、シロップが桃色になる。季節限定のお楽しみ。

桃色シロップを作ろう

1. レモン汁以外の材料を鍋に入れ、弱火で15分煮る。
2. レモン汁（約1個分）を入れ、ひと煮立ちしたら火を止める（ここで桃色に変身）。
3. 消毒した瓶に入れ、完成。

桃色ジンジャーシロップは半年ほどで使い切ろう。

桃色のジンジャースパークリングでセレブ気分

ジンジャーシロップを入れるだけで、桃色ドリンクのできあがり。

色彩のヒント

“補色効果”で色を際立たせる

色相環の正反対にくる色を補色といいます。お互いを目立たせ、食材を鮮度よく見せる効果があります。パーティなどの華やかな食卓を演出するのにぴったり。クリスマスカラーの赤と緑は、お祝いにふさわしい、理屈にあった組み合わせなんですね。

野菜と海の幸で
リースサラダ

バラの形のサーモンが
目を引く。大小の赤い
丸で華やかに。

ローストビーフに
いちごソースをかけて

赤の濃淡が美しいメイン
ディッシュ。

コラム

ファーマーズマーケットに行こう

新鮮でおいしい野菜を食べた～い。あちこち探し歩いて行き着いたのは、農家さんから直接買う方法です。庭先販売はもちろん、朝市や道の駅などにある直売所も狙い目。収穫したてのものがズラリと揃う午前中が、オススメです。

 「小金井 江戸の農家みち」 https://www.facebook.com/koganei.edononoukamichi/

Color 02

橙色の野菜

●太陽みたいに元気をくれる

降り注ぐ日の光、家の灯りと家族の笑い声。橙色には、そんな温かいイメージがあります。

家族が、「会社にいきたくない」「まだ眠い」という、そんな朝には、甘いにんじんジュースを作ります。色の効果と糖分で、気持ちがはなやぎますよ。橙色の野菜は、栄養だけでなく、見た目からも元気をくれるのです。

リビングや食卓の照明を橙色の電球（電球色）に替えるのもオススメ。ほっと落ち着けるうえ、料理をおいしそうに見せてくれます。

橙色で
食欲の秋を
イメージして
しまう私

テスト勉強中のお夜食に〝かぼちゃスープ〟

炒めたかぼちゃとたまねぎに、スープ＆牛乳を加えてブレンダーで混ぜる。栄養満点の甘いスープで、疲れが吹き飛び、集中力もアップします。

残業後に帰宅した夫へ〝にんじんご飯〟

といだお米に、すりおろしたにんじんとバターを入れて、いつも通り炊くと完成。

ホクホク? ねっとり?

実 かぼちゃ

レンジでチンすれば切りやすい

ホクホクした西洋かぼちゃ、ねっとりした日本かぼちゃ、おもちゃみたいなペポかぼちゃ。この３タイプが日本で流通しています。ホクホクとねっとり、どちらがお好み？

黒皮栗（くろかわくり）

ホクホク

ホクホクして甘みが強い。西洋かぼちゃ。最近のスーパーでの主流はこれ。

黒皮（くろかわ）かぼちゃ

ねっとり

おばあちゃんの味

日本かぼちゃ、甘みは少なめ。子どもの頃、食べた煮物はこれでした。

打木赤皮甘栗（うつぎあかがわあまぐり）

ねっとり

鮮やかな皮が特徴の加賀野菜。ねっとりして煮物向き。

坊ちゃんかぼちゃ

かぼちゃプリンやグラタンの器たも

ホクホク

手のひらサイズ。レンジでチンしてすぐ食べられる。甘みが強い。

白皮かぼちゃ

とてもホクホク

色は薄くメロンのよう。甘い。

ハロウィンのかぼちゃはカブだった!?

ケルト人はハロウィンにかぶのランタンを使っていました。アメリカに伝わり、たくさん収穫できた、かぼちゃを使うようになりました。

おもちゃかぼちゃ

観賞用の手のひらサイズのかぼちゃ。

甘みが薄くて、味は・・・・。

カワイイひょうたん型。バターのようにクリーミーな食感。

バターナッツ

ねっとり

鹿ヶ谷（ししがたに）

見かけが荒々しい京野菜。

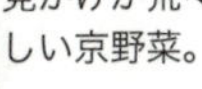

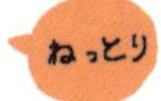

ねっとり

会津菊かぼちゃ

ねっとり

会津地方の在来種。上から見ると、菊型の和菓子のよう。

コリンキー

生で皮ごと食べられる。ほのかに甘く、食感が楽しい。

そうめんかぼちゃ

酢の物でもおいしい♥

ゆでると糸状になり、そうめんのようになる。

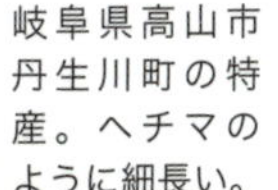

宿儺（すくな）

岐阜県高山市丹生川町の特産。ヘチマのように細長い。

焼いておやつに

スナックシード

《材料》

- かぼちゃの種　適量
- 塩　適量
- サラダ油　適量

1. かぼちゃの種を洗う
2. 天日に夏は2日、冬は4日干す
3. フライパンに油をひき、種を煎る
   きつね色になったら塩をふる

朝鮮にんじんは違う種類

生でも煮ても焼いても

根 にんじん

品種改良が進み、独特の香りが和らぎ、味が甘くなりました。以前は子どもの嫌いな野菜の代表選手でしたが、今では人気野菜の一つです。

ミニにんじん

長さ10cm程度。甘みが強いので、生で食べるといい。

にんじんの葉はおひたしや天ぷらに香りが最高

金時（きんとき）にんじん

東洋系の甘くて細長い品種。赤系のキレイな色。正月前に多く出回る。

五寸（ごすん）にんじん

西洋系で太くて短い。店頭でよく見るのはコレ。香りが強め。カロテンも豊富。

三寸（さんずん）にんじん

3寸ほど（9cmくらい）の大きさ。

熊本長にんじん

長〜〜〜い！

熊本の伝統野菜。長いので、長寿を願っておせちに入れる。

他にもこんな色

黄色

金美（きんび）

白

ホワイトにんじん

紫

紫にんじん

もうひと言!

ピーターラビットがかじっていたものは …

「ピーターラビット」の絵本で、ピーターが野菜をかじっている有名な絵をご存知でしょうか？

じつはこれ、にんじんではなく、ラディッシュ。よく見ると葉の形が違います。日本ではあまり見ない品種なので、誤解している人も多いのでは？

「ロングスカーレット」という
品種らしい。
育てたら
ピーターが
くるかしら?

花 カリフラワー

オレンジブーケ

淡い橙色。ゆでると
少し発色がよくなる。

シチューに
入れるとキレイ
白いものより
少し甘い気が
する〜

他にも だいだい野菜いっぱ〜い

色彩のヒント

マルチカラーで華やかに盛り上げる

ハンバーグや煮魚など、メインディッシュは茶系が多いですよね。華やかにしたいときは、５色以上の色を使うのがオススメ。カラフルな食器やナプキンがあれば、食材がなくても色をプラスできます。

煮たり
焼いたりして
あるネ
野菜
寿しだ
パプリカ
みょうが
しいたけ
ミニトマト
にんじん
たけのこ
アスパラ
ガス
キラ キラ
宝石箱
みたい
ヘルシー

コラム

カラフル野菜ジャムを作ろう

父は定年後、趣味で無農薬野菜を作り始めました。真心こもった野菜をいつも送ってくれます。ただ、送ってくれたときにかぎって、ご近所さんから同じ野菜をいただいたりして。そんなときはジャムにします。においが和らぐので、子どもたちも大喜びで食べています。

そういえば・・・

クラフトマルシェで見た野菜ジャムがおいしそうだった

色どりが美し〜い

よ〜し 作ってみるぞ

かぼちゃミルクジャム

材料
かぼちゃ　300g
練乳　50g
シナモン・グローブ　適量
ローストしたくるみ　30g

①皮をむき、いちょう切りにしたかぼちゃを電子レンジ（600W）で5分。

②ボールに①とくるみ以外の材料を入れブレンダーでなめらかになるまで混ぜる。

③細かく刻んだくるみを混ぜて完成。

だいこんとリンゴのジャム

材料
だいこん…200g
リンゴ…1個
砂糖…300g
水…100cc
ローズマリー…適量
レモン汁…半個分

①だいこんとリンゴの皮をむき、みじん切りにする。

②鍋に①と材料をすべて入れ、中火で5分。くったりしてきたら完成。

リンゴの皮を入れると桃色に

Point
ジャムを保存する瓶は、必ず熱湯消毒をしてから。

Point
ジャムは冷蔵庫で保存し、1週間程度で食べ切ろう。

紙に絵を描いて瓶に貼ると愛しさUP↗

かぼちゃ

2016.12.5

子供に描いてもらうとよく食べてくれる

Color 03

黄色の野菜

勝負ごとには欠かせない

フワフワのひよこ、暗がりでも目立つ注意喚起の標識、キャーキャーと黄色い声、そして映画『幸福の黄色いハンカチ』。

黄色がもつ顔はさまざまですが、ここ一番の勝負のとき、私は黄色のアイテムを身につけます。気休めというか、縁起担ぎというか、パワーをもらえる気がするのです。

とうもろこしのような黄色い野菜を食卓に出すと、その場がパッと明るくなります。もしかしたら、家に幸運を呼び寄せているのかもしれません。

今日のプレゼンは絶対勝つ!!

自作のたんぽぽブローチ

にごりのない黄色野菜を器にする

色鮮やかな野菜を器として使うと、盛りつけのバリエーションが広がります。

勝負弁当には〝黄色〟を入れる

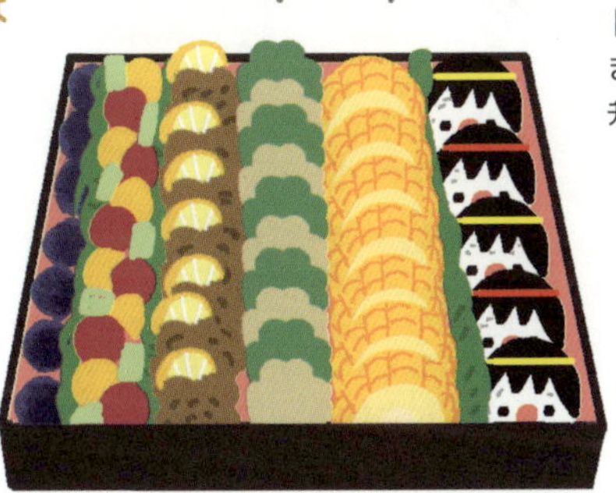

我が家の定番は、とうもろこし、黄色のトマト、そして卵焼き。黄色でパワフル弁当を仕上げます。

とうもろこし

ラップして600Wで5分チン

果物みたいに甘〜い♡

電子レンジで皮ごとチン。手軽にできて、夏のおやつにぴったり。芯からもうまみが出るので、スープや炊き込みご飯は、一緒に入れて調理します。

とうもろこしのヒゲ茶はカンタン

1. 切る
2. 干す
3. 煎る

あとはお茶と同じように

ほのかな甘みがやみつきに。

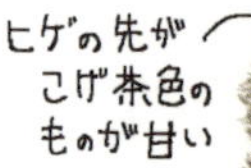
ヒゲの先が
こげ茶色の
ものが甘い

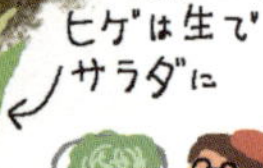
薄緑色の
ヒゲは生で
サラダに

皮がみずみずしくて緑色のものが新鮮

ハニーバンタム

私が子どもの頃、食べたとうもろこし。最近は、もっと甘い品種もあるけれど、昭和の味も楽しみたい。

時間とともに味・栄養が落ちるのですぐ調理しよう

ピーターコーン

黄色と白の粒模様がかわいい。やわらかく甘い。

どのとうもろこしでもポップコーンは作れるの？

粒の皮がかたい爆裂種でしか作れません。皮が薄く食べやすい品種は、中の水蒸気が漏れてしまい、爆ぜないんだとか。

ピュアホワイト

近頃人気の甘くて
ジューシーな色白系。
生で食べてもおいしい。

ヤングコーン

まだ若いうちに収
穫したもの。旬の
ものは、缶詰には
ない甘さがある。

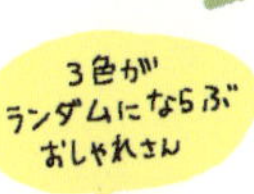
3色が
ランダムにならぶ
おしゃれさん

ウッディーコーン

黄色と白と紫の粒が
混じる。モチモチし
た食感。

もちとうもろこし

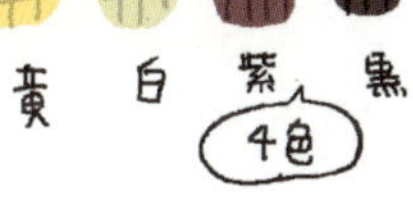
黄
白
紫
黒
4色

ほのかな甘みと、もちもちと
した食感の昔懐かしい味。栽
培農家が減ったため、通販で。

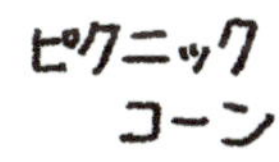
ピクニック
コーン

通常よりも２～３
割小さいサイズ。
生で食べられる。
果物のように甘い。

もうひと言!

メイちゃんのとうもろこし

映画『となりのトトロ』で、姉妹が入院中の母親にとうもろこしを届けるシーン。私も真似して、とうもろこしの皮にメッセージを彫ってみました。でも繊維ばかりで、なかなか跡がつかない。もしかして、昔の皮はやわらかかったのかしら？

好きなアニメNo.1
何回見ても泣いてしまう
おねーちゃーん
←娘そっくり

ヒヨコみたいにかわいい

実 黄色トマト

イタリアには黄色トマトの缶詰があるヨ

赤いものより甘さや酸味がまろやかで、さっぱりと食べられます。鮮やかな黄色で、食卓がパッと華やかに。黄色のトマトソースというのも、インパクトがありますよ。

レモントマト

レモンのような形。酸っぱさはなく、フルーツのように甘い。

フルーツイエロー

甘くて小さめのミニトマト。皮が薄く食べやすい。

チェリートマト

いわゆるミニトマト。

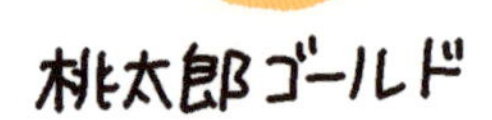

桃太郎ゴールド

桃太郎（p14）の黄色版。赤より甘みは少なく、酸味とのバランスがよい。

イエローアイコ

イメージは妹タイプの女のコ

アイコ（p15）には黄色もあるよ。

イエロープラム

プラムのような形がかわいい。ちょっと固め。

黄寿（おうじゅ）

めずらしい黄色の大玉トマト。酸味が少なく、甘みが引き立つ。

実 パプリカ とうがらし

アヒ・リモ

ペルーでは代表的なとうがらし。プチサイズ。

ゴールドチリ

さわやかな色に騙されちゃダメ。コロンビアから来た激辛なヤツ。

葉 黄にら

日光に当てずに栽培され、やわらかい。甘みがあり、にら特有の香りは少なめ。

実 大豆

たんぱく質が豊富。しょう油、味噌、豆腐、納豆にもなる、日本のスーパースター。

もうひと言！

大豆を使った栃木の郷土料理

私の故郷、栃木では２月に「しもつかれ」を食べます。節分の大豆、鮭の頭、大根、酒粕などを細かく切り、ドロドロに煮た郷土料理。甘くてしょっぱくて、魚臭い。クセのある味と見た目で嫌う人も多いけれど、私は大好物。２月が待ち遠しいな。

見た目が
あるものを
想像させる
おいし〜い
親から子へ
伝えられて
きたので
家ごとの
味付けがある

食物繊維たっぷり

根 さつまいも

ゆっくり加熱すると甘くなるよ

薩摩藩（鹿児島県）のいもで「さつまいも」。「唐（から）いも」、「甘藷（かんしょ）」とも呼ばれます。皮の色は赤紫、中身の色は黄色、橙、紫、白など彩り豊か。

同じ品種から生まれ、各地で改良された兄弟たち。ねっとりして強い甘みが特徴。

鳴門金時（なるときんとき）
（徳島県）

土佐紅（とさべに）
（高知県）

五郎島金時（ごろうじまきんとき）
（石川県）

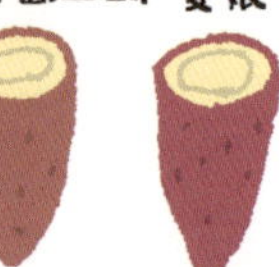

愛娘（まなむすめ）
（千葉県）

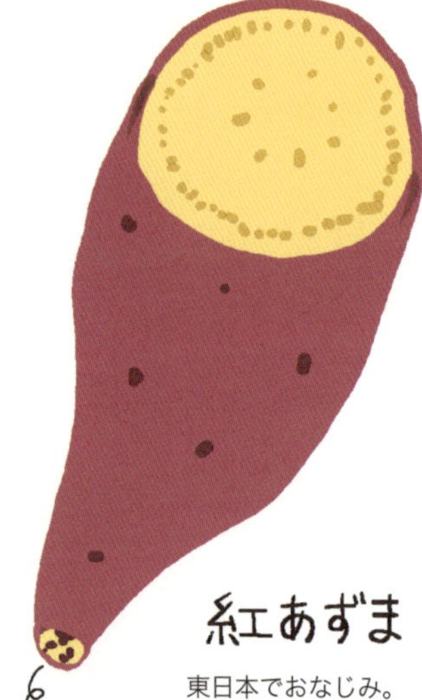

切り口に蜜が出て黒くなっているものが甘い

紅あずま

東日本でおなじみ。繊維が少なく、ホクホクして甘い。

シルクスイート

甘みが強く、なめらかな舌触り。

さつまいもを食べるとなぜオナラがでるの？

腸内で細菌が分解する際にガスが発生。デンプンと食物繊維は分解に時間がかかり、ガスも増えます。ただ、くさくないので安心あれ。

安納（あんのう）いも

種子島特産。ねっとり甘い。焼き芋にすると抜群においしい。

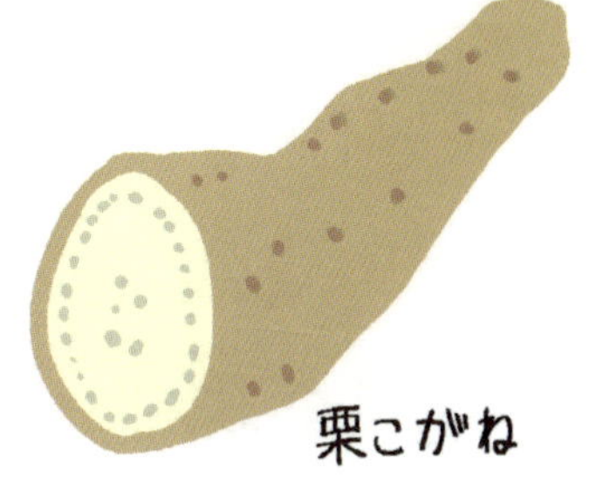

栗こがね

皮は薄い褐色で中は白い。生産数は少ない（私はまだ見たことがない）。ホクホクして甘く、とてもおいしいらしい。

はやといも

鹿児島の在来種。加熱すると橙色になる。別名ニンジンイモ。

紅（べに）はやと

中はにんじんのような色でやわらかい。繊維が少なく、お菓子作りにも最適。

黄金千貫（こがねせんがん）

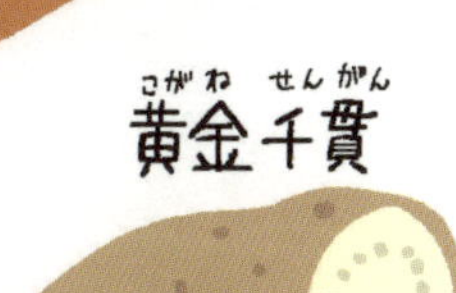

中も外も白っぽい。焼酎の原料になる。あっさりとした甘み。

種子島普蜜（たねがしまむがしみつ）いも

種子島特産。丸い形。クリーミーな食感。

パリパリのお菓子

さつまいもチップス

《材料》

- さつまいも　1本
- 揚油　適量
- カレー塩　適量

(他にも砂糖、塩、シナモンなどお好みで)

1. スライサーで薄く切り、水にさらす
2. 水気を拭いて、160度の油で揚げる
3. お好みの調味料をかける

根 黄色にんじん

ヨーロッパでは一般的な品種。栄養豊富で甘みがある。

島にんじん

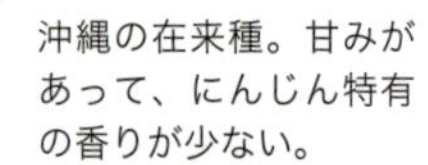

沖縄の在来種。甘みがあって、にんじん特有の香りが少ない。

根 ウコン

とりあえずパクッ……苦い
カレー味はしない

別名ターメリック。カレーに欠かせない。独特の香りと味。ウコン酒にすると飲みやすい。

根 黄金かぶ

ヨーロッパの品種。キレイな色を活かすため、皮をむかずに調理したい。加熱しても、変色しない。

コーヒー、紅茶に合う

根 しょうが

辛み成分に体を温める効果がある。薄切りにして温かい飲み物にイン。

花 食用花

苦みがなく、歯触りもよい。サラダにピッタリ。

トレニア

菊

苦みが少なく食べやすい。さわやかな香り。

タンポポ

ほろ苦く、香りがよい春の味。酢味噌和えなどに。

バラ

ケーキやサラダに、花びらを散らしたり、ジャムにしたり。

実 花 ズッキーニ

丸ズッキーニ

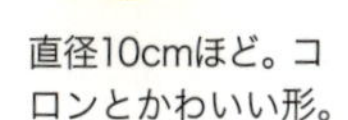

直径10cmほど。コロンとかわいい形。

UFOズッキーニ

まるでUFOのような形をしている。

皮も果肉も黄色。やや小ぶり。

菌 タモギダケ

別名ゴールデンしめじ。加熱すると、鮮やかさが落ちてしまう。レンジでチンなら、色落ちなーし。

菊

ピーラー
にんじん

しょうが

紅しょうが

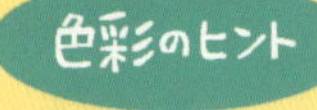

散らし技で アクセントをつける

にんにく

花穂じそ

ハーブやスパイス、日本料理ならではの薬味は、風味を加え、料理をレベルアップさせてくれる魔法の野菜。パッと花が咲いたようなあでやかな彩りも加わります。

ジグザグに描いたオイルの上に散らす。

ポテトサラダを囲むように、交互に並べる。

色をふんだんに使って、宝石箱のように集める。

さんしょう

しそ

コラム

ポカポカ野菜で冷え性とさようなら

一日中、座って仕事をしているせいか、血行が悪く、手足が氷のように冷たくなるときがあります。しかも夕方には、下半身がむくんでパンパンに。そんな私が、ちょっとした生活の改善で冷え性から解放されたアイデアをご紹介します。

私は生理が重かった…
独身の頃
痛い
だるい
重い
う〜
受診をしたら筋腫が！
小さいので経過観察に
鎮痛剤でやり過ごすけれど
毎月、飲むのも
なんだかなあ…
と、いうわけで漢方薬局に相談へ
うわっ
冷えてる
むくんでる
しばらく
生野菜
冷たいもの
ビールだめ！
しょうがを
たくさん
とること
えっ!!
エスパーか
なにか
ですかっ？
裸足も
だめよ
前の晩にビール
お昼にサラダ
おやつにアイス
しかも裸足

Point
冷えから来る代謝の悪さが、病気につながることも。

よーし、冷えない生活を始めるぞ
真夏だってくつ下と腹まきだ
アイスコーヒーの代わりにしょうが紅茶を
ビールの代わりにホットワインを
温まるスパイスたち
スターアニス
しょうが
ブラックペッパー
とうがらし
シナモン
生野菜サラダの代わりに温野菜を
肉や魚も一緒に蒸せばメインディッシュに
Point
蒸して、そのまま食卓に出せるせいろが便利。
みそ汁にはたっぷりの薬味を
ねぎとしょうが
しばらくすると・・・
生理痛がやわらいだかも
なんとなく体が軽い
Point
生理痛がひどいときは、まず婦人科を受診しよう。
この生活をサボると途端に冷えてくる「継続は力なり」ですネ
お腹が温かい
手足が温かい
むくみすっきり
お腹が冷たいときはすぐ温めて

Color 04

紫色の野菜

●貴婦人たちの美を制する

昔は身分の高い、豊かな人しか身に着けられなかった紫色。光源氏に恋する姫君や、マリー・アントワネットは着ていたのかしら。私の娘は薄紫色を「プリンセスカラー」と呼ぶので、今も昔も高貴なイメージは変わらないようです。

紫色の野菜には、抗酸化作用があることで有名なポリフェノールの一種、アントシアニンが豊富に含まれています。

食べて美しく、身にまとって美しく。私も今夜、紫野菜でシンデレラに変身しちゃうかも。うふ。

青いバラをつくるにはアントシアニンが鍵だとか

美容のためには、“紫野菜”と“睡眠”をとりましょう。

実

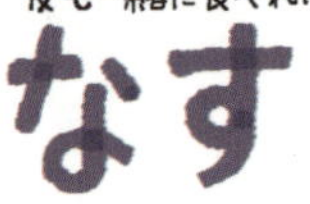
なす

実 なす

皮も一緒に食べれば目が元気

油との相性
サイコー!

お盆にも大活躍

日本には「茄子紺（なすこん）」という伝統色があります。茄子の色は「ナスニン」という色素成分で、目の疲労回復に効果があるそう。美しくて、役立つ、おいしい野菜です。

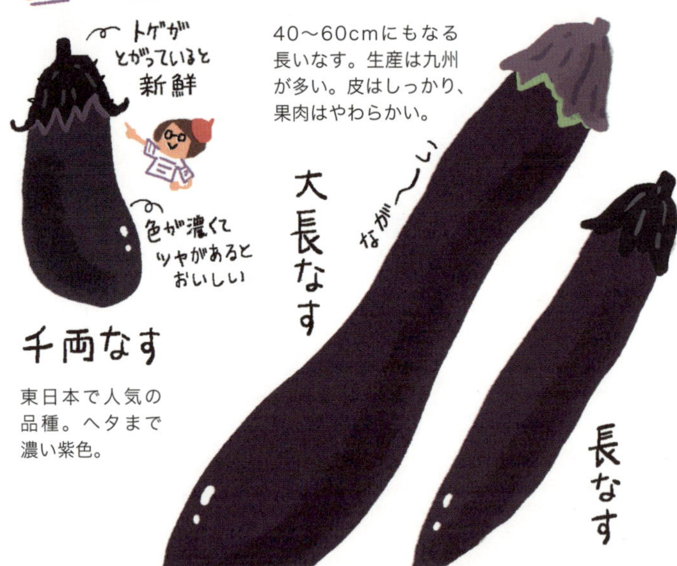
トゲが
とがっていると
新鮮
色が濃くて
ツヤがあると
おいしい
なが〜い
大長なす
長なす

千両なす

東日本で人気の品種。ヘタまで濃い紫色。

大長なす

40〜60cmにもなる長いなす。生産は九州が多い。皮はしっかり、果肉はやわらかい。

長なす

長さ約30cm。皮はかためで果肉はやわらか。

天狗なす

愛知県奥三河の伝統野菜。天狗みたいな形が特徴。

油と相性が良いなすを低カロリーで食べるには？

スポンジのように油を吸うなすの果肉。塩を振って水分を出したり、電子レンジで軽く火を通すと油の吸収が抑えられます。

米なす

アメリカの品種を改良した大きく丸いタイプ。ヘタはみどり色。

水なす

水分が多く、皮も果肉もとてもやわらか。漬物に最高。

小なす

小型でタネが少なく甘みがある。丸や長細い形がある。

民田なす

山形県民田地区特産品。小さく、皮がやわらかい。まるごと漬物に。

巾着なす

巾着みたいな小ぶりな形。甘みがある。

ばってんなす

熊本県産の新品種。アクが少ない。

美しい模様は熱を加えると色が変わってしまう
ざんね〜ん

ゼブラ

イタリアの品種で縞模様が美しい。皮がかためなので加熱して。

たくさん採れたら

干し野菜

《材料》
・なす　適量
（トマト、きゅうり、だいこんもOK）

1. 5mmの厚さに切る
2. 水気をふきとり、半日ぐらい天日で干す
3. 表面が白くなり、水分が残る状態で完成。

保存は冷凍庫へ

干した後は、そのまま

に油を吸いにくく、うまみもUP!

実 赤オクラ

生だと赤紫色、加熱すると暗い緑色になる。彩りを楽しむなら生のまま刻んで。

実 トマト

トスカーナバイオレット

甘みと酸味のあるイタリア生まれのミニトマト。

紫トマト

紫がかった色。中玉サイズ。

実 紫いんげん

濃い紫色は、加熱すると緑色に。さっとゆでて、すぐ氷水につけてみてね。

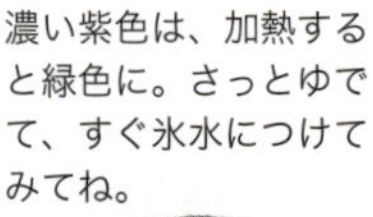

根 紫にんじん

皮はまだらに紫色。中は橙色。

おいしいけど…
紫色の野菜は
ただのみそ汁を
魔女のスープ風の
色に変える・・・・

根 紫たまねぎ

レッドオニオン

白色のものより辛さ控えめ。甘く、水分が多い。生食がおすすめ。

ペコロス

3cmほどの小ささ。煮崩れしにくい。

お菓子に使う時はレモン汁で色止めを

根 紫いも

焼きいもに
ハチミツをかけると
まるで蜜いも

ふつうのさつまいもよりも甘さ控えめ。でも、アントシアニンがたっぷり入っていて、抗酸化作用もバツグン。何よりこの鮮やかな色が、お菓子づくりに欠かせません。

山川紫

外は赤色、中は紫色。
甘さは少なめ。

こがね紫

加熱するともっと濃い
紫色に。甘みが強く、
しっとり系。

パープルスイートロード

甘みが濃いので、
焼き芋にピッタリ。

えい紫

濃い紫色。
甘さは控えめ。

種子島ゴールド

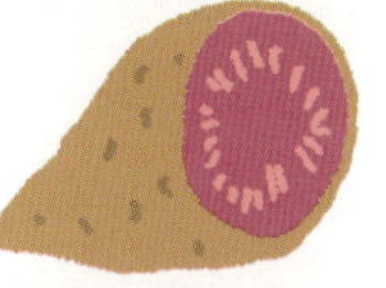

皮は白、中は薄紫色。
甘みが強くてホクホク。

種子島ロマン

種子島シリーズ。
見た目もキレイで
味もおいし〜い。

根 じゃがいも

シャドークイーン

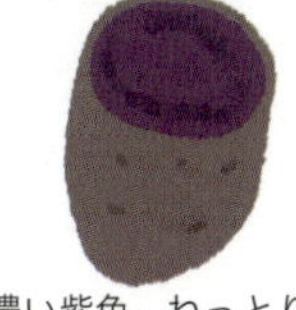

濃い紫色。ねっとり
しておいしい。

キタムラサキ

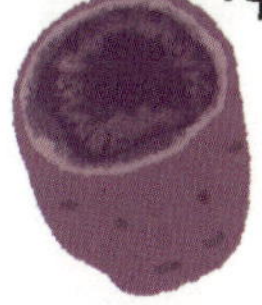

加熱するともっと
鮮やかな紫色に。

葉 紫キャベツ

紫と白のコントラストがきれい。酸味のあるものと合わせると、より鮮やかな発色になる。

スプラウト

紫キャベツの新芽。茎が透明感のある薄紫色。

葉 トレビス

ヨーロッパ原産。ほのかな苦みと香りがあって生食にぴったり。

トレビスはキャベツなの？

見た目はよく似ているけれど、トレビスはキク科、キャベツはアブラナ科で全く違う品種です。味と香りを比べると違いが分かります。

葉 シルクレタス（ピンクロースター）

根元は黄緑色、フリル状の葉先は赤紫色に縁どられている。ドレスのように華やか。

葉 紫アスパラガス

加熱すると、濃い緑色になってしまう。穂先は、やわらかい。生で食べるのも◎。

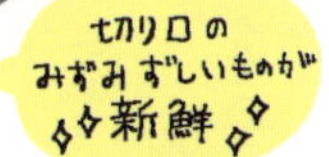
切り口の
みずみずしいものが
新鮮

葉 サラダほうれんそう

アクが少なく生で食べられる。サラダに入れて茎の色を楽しもう。緑色のものもある。

花 紫カリフラワー

栽培が難しく、店頭では、あまり見かけない。加熱で緑色になるものと、ならないものがある。

かたく締まって
重いものがおいしい

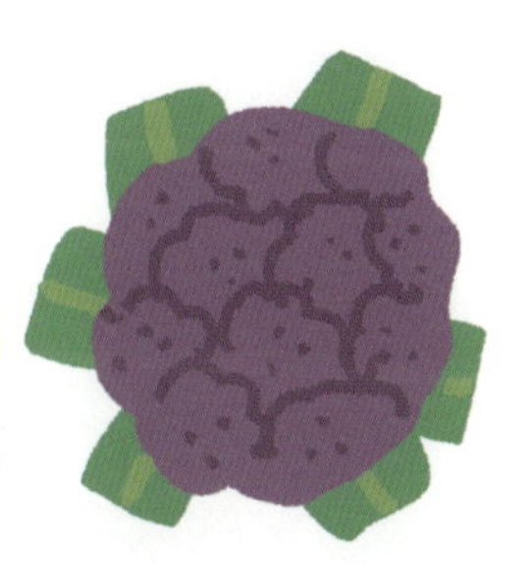

葉 赤じそ

漢字で書くと「赤紫蘇」。ジュースにすると、きれいな赤紫色に。

たくさんとれた時は

干したら

お茶になる

地面に植えると大繁殖!
ギャ~
毒紫の~
気をつけて

プラス1カラー　テーマカラーに近いもう1色

青色の野菜

青い野菜なんてあるの？ とお思いでしょう。実際にはありませんが、「青になる野菜」はあります。お子さまのキャラ弁にいかが？ 理科の勉強にもなりますよ。

ゆでた紫キャベツに重曹を入れると

あら不思議

青に変化！

なぜ、色が変わるの？

紫キャベツや紫いもに含まれている色素「アントシアニン」は、アルカリ性になると青色に、酸性になると赤色に変わります。

重曹のほかにも

卵の白身

中華麺

などを一緒に使うとアルカリ性になります。

ただし…
さあ召し上がれ
う〜ん
ビミョー
使い方に注意
青いラーメン
青いサラダ

青のキャラ弁に挑戦!!

息子は、戦隊物が大好きでした。特に戦隊ヒーローではクールなキャラのブルーのファン。

お母さ～ん
戦隊ブルーのキャラ弁にしてしてして～

なので、遠足になると、こうなる。青が一番、面倒なのに！

そんなとき「青色野菜」が大活躍。

戦隊ブルー弁当を作ってみよう

1 卵白に紫芋パウダーを混ぜる。

2 油を引いて熱したフライパンに1を薄く広げて焼く。

こげないように

3 小判型に整えたピラフを2の薄焼き卵で包む。海苔、スライスチーズ、カニカマで顔を作る。

暖色のおかずをたくさん入れて明るさUP

ウインナー＋うずらの卵

チーズ

カニカマ

ブロッコリー

のり

ハム

とうもろこし

色彩のヒント

“中性色プラスα”で温度をコントロール

暖色は赤・橙・黄色系。寒色は青系。このどちらでもない紫や緑は中性色といいます。なすやピーマンなどの中性色は、寒色と組み合わせれば涼しげに、暖色と組み合わせれば楽しい印象に変わります。

なすそうめん

テーブルコーディネートをブルーでまとめると涼やかさがアップ。

避暑地のイメージ

なす＋寒色

南国のイメージ

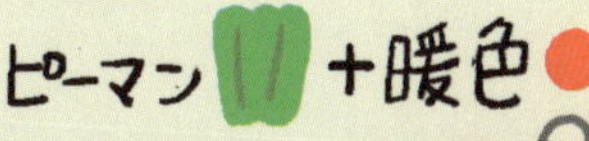

南国グリル

パプリカやとうもろこしを加えると、食欲をそそる色合いに。

お皿の色を暖色に替えると、よりホットな印象に。

コラム

土地ならではの伝統野菜を食べてみよう

その土地の在来種の野菜のことを伝統野菜と呼びます。昔から農家が育て、採種して、代々守ってきました。大量生産できないことから多くの農家が栽培をやめてしまい、絶滅しかけています。近年、伝統野菜を和の食材として見直す活動が起こっています。

私が暮らす東京にも伝統野菜がある

江戸東京野菜と言います

江戸時代から昭和40年代までたくさん栽培されていたんですよ

Point
加賀野菜は金沢の、京野菜は京都の伝統野菜です。

江戸東京野菜コンシェルジュ協会の松嶋あおいさんに教えて頂きます

ふむふむ

私が野菜オタクになるきっかけを作った人でもある

江戸時代、参勤交代のため地方からやって来た大名たちは故郷の野菜の種を持参し屋敷で育てておりました。

その土地の風土に合い、江戸っ子の舌に合った野菜がその後も育てられ、多くの江戸東京野菜が誕生しました。

また旧中山道には種屋が並び、土産として野菜の種が全国に広まり各地で新たな伝統野菜になりました。

「ＮＰＯ法人江戸東京野菜コンシェルジュ協会」 https://www.edo831.tokyo/

Color 05

緑色の野菜

●キッチンで森林浴!?

リボーンベジタブル(リボベジ)ってご存知ですか? 捨てる野菜の端っこを復活させるアレです。緑に囲まれて暮らしたいけれど、ものぐさな私には、これくらいがちょうどいいみたい。キッチンの片隅でできるし、食べられるし。

ジョージ朝倉さんの『ピースオブ ケイク』という漫画では、植物が主人公たちの感情表現に使われています。愛が満ちているときはよく育ち、愛に迷うときは枯れていく。今はリボベジたちが、私の精神状態のバロメーターです。

フラレると
サボテンをも
枯らす

ごめんね
サボテン

こんな〝リボベジ〟がオススメ

根が浸る程度の水を入れ、日の当たる場所へ。水は毎日換えよう。

使い残しのハーブを水に差しておくと、すぐに根が出て増えます。少し使いたいときに便利。容器を揃えるとおしゃれ。

完熟前の青いお豆さん

豆類

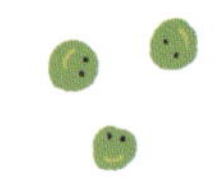

ジャックと豆の木は、なた豆がモデルらしい

熟した豆は穀物ですが、若いさやつきのときは緑黄色野菜に入ります。ビタミンCとたんぱく質がたっぷり。枝豆は、子どもの好きな野菜ベスト３に入る人気者です。

モロッコいんげん

幅広で大きいけれど、とてもやわらかい。

さやいんげん

近年は、筋を取る必要のない、食べやすいものが多い。

いんげんを伝えた隠元禅師の名前をつけた

十六(じゅうろく)ささげ

30cmくらいの長さ。豆が16個ほど入っている。

ふじ豆

西日本でたくさん栽培されている。

しかく豆

パリパリとした食感。手裏剣のような切り口がおもしろい。沖縄での栽培が多い。

切ると

なた豆

切ると

福神漬けをよく見ると、薄切りのなた豆が入っている。

さやえんどう

さやが5cm程度でやわらかいうちに収穫したもの。

スナップえんどう

やわらかく厚めのさやと甘い実を一緒にポリポリ食べられる。

グリーンピース

旬のものは甘くてホクホク。焼売にのせるのは日本だけ!?

そら豆

名前の由来は、空に向かってさやが育つから。さやが下向きになると収穫の合図。

枝豆

アルコールの分解を助ける成分がある。「ビール×枝豆」セットは伊達じゃない。

茶豆

豆の薄皮は、薄茶色。甘みが濃い。

もうひと言!

そらまめくんのベッド

娘は、絵本『そらまめくんのベッド』が大好き。緑のお豆が出回ると、必ず買って娘にプレゼントします。そら豆はパパとママ、グリーンピースは子どもたち、空き箱にふわふわのワタを敷き、フエルトの布団をかけてベッドを作る娘。眠るお豆と娘の笑顔が、初夏の楽しみ。

きゃうりじゃないよ、かぼちゃだよ

実 ズッキーニ

ラタトゥイユといえば、これ！

見た目は「きゅうり」で、味は歯ごたえのある「なす」のよう。じつは「かぼちゃ」の仲間だけれど、かぼちゃと違って淡色野菜。本当にかぼちゃなの？ と聞きたくなります。

縦縞模様がキュート。丸型もある。

直径10cmほどのサイズ。薄緑色や黄色のものもある。

なすと同じく油と好相性。油で炒めてポン酢をかける食べ方が好き。

イタリアの品種。楽器みたいな形がかわいい。

実 ピーマン

辛みのない「とうがらし」がご先祖。

実 とうがらし

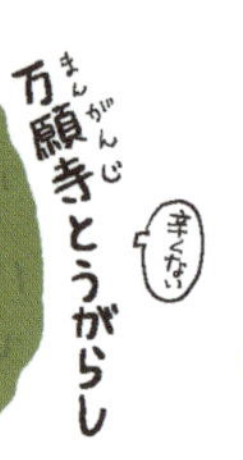

実 グリーントマト

完熟しても緑色のミニトマト。

皮も実も緑色。加熱してもおいしい。

映画「フライド・グリーン・トマト」の中には、揚げトマトが出てくる

実 オクラ

ビタミン豊富なネバネバ野菜。私の夏バテ予防は、これ。

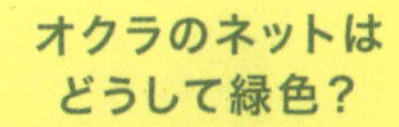

オクラのネットはどうして緑色？

明るい同系色を合わせると、鮮やかに見える効果があるため。みかんが朱色のネットに入っているのも同じ効果を狙っています。

実 ゴーヤ

←イボがしっかりしているものが新鮮

苦みがクセになる。最近は苦みの少ないものも増えた。でもゴーヤは苦いからおいしい。

ゴーヤのわたを食べよう

みそ汁に入れてもおいしい

実 きゅうり

輪切りの模様が家紋になった!?

うちの木瓜紋

熟すと黄色になることをご存知ですか？　大昔は黄色のものを食用にしており、黄瓜から「きゅうり」となったそう。育ちすぎたものは、炒めたり煮物にするとおいしいです。

四葉（すうよう）きゅうり

皮にシワがあり、白イボが多い。歯ごたえがある。

白いぼきゅうり

収穫を忘れるとヘチマみたい
でかっ

店頭に並ぶ、ほとんどのきゅうりがこれ。皮が薄く、歯ごたえがよい。

もぎりきゅうり

曲がっているものを、若いうちに間引きしたもの。

ミニQ

長さ10cmくらいのミニサイズ。イボがない。

白いきゅうり

京都の特産。青くさくない。みずみずしい。

白きゅうり

六合（くに）きゅうり

群馬の特産。果肉がやわらかい。

加賀太

石川県の伝統野菜。直径８cmほどの太さ。

炒めると一玉ペロリ

葉 レタス

葉が巻いて玉になる種類と巻かない種類があります。傷みやすいため、湿った新聞紙で巻いたり、根元の芯を取り、濡れたティッシュを詰めて保存すると長持ち。

レタス

おなじみの玉レタス。生はもちろん、軽く火を通してもシャキシャキしておいしい。

サラダ菜

色が濃く、巻いていないので、彩りとしてお弁当に使いやすい。

サンチュ

焼肉を巻くのにちょうどよいやわらかさと大きさ。

エンダイブ

葉先が分かれ縮れていて華やか。少し苦みがある。

グリーンカール

大きな葉で、葉先がフリルになっている。

オークリーフレタス

タンポポの葉が大きくなったような美しい形。

昔、流行したキャベツ畑人形って今ももっている?

シュークリームの「シュー」はキャベツの意味

葉 キャベツ

キャベツに含まれるビタミンUは胃をいたわる働きがあるとか。確かに、脂っこい食事のときに一緒にとると、胃もたれを防いでくれます。おいしくて、体にもやさしい。

春キャベツ

ふんわり

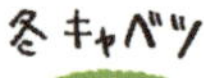

ぎっちり

冬キャベツは甘く、春キャベツはみずみずしくてやわらかい。

サボイキャベツ

葉が肉厚でちりめんのように縮れている。

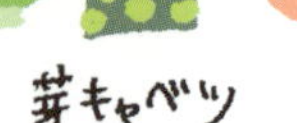

ピンポン球サイズ。刻まずそのまま煮込み料理に。

青汁の材料。キャベツの先祖はこんな形。

畑で霜にあたるとやわらかく、甘みが増える。これを利用し、冬の間、外葉が枯れたまま畑に残しておいしさをアップさせたものも。

ポパイのチカラの源です

葉 ほうれん草

マンガ
『マカロニほうれん荘』
が好き

葉の丸い西洋種、葉のとがった東洋種があり、主流は西洋種と東洋種のかけあわせ。日本の在来種は根元が紅色。この部分は甘みが強く、ミネラルも多く含まれています。

日本ほうれん草

葉がとがり、根元が紅色。甘くてやわらかい。

サラダほうれん草

アクが少なく。細くやわらかい。

ちぢみほうれん草

寒じめ栽培で、葉が縮れ厚く変形したもの。甘い。

もうひと言!

ほうれん草の紅の色

ほうれん草の根元に、突然現れる紅色。濃い緑色の中、なぜそこだけポッと紅いのでしょうか？

「それは優しさなんです」と、ある詩を教えてもらいました。

詩人、高田敏子さんの『紅の色』は、そんなほうれん草の紅色に触れた詩。詩人の目には、心に灯る明かりに映ったのかもしれません。

湿らせたキッチンペーパーに包んで野菜室へ

採れたてはジュースにしたい

葉 青菜

春はほろ苦く、夏はネバネバ、冬は甘いものが多い葉物野菜。そのときどきに旬の青菜があり、食卓で季節の移り変わりを感じられます。

青菜ページは旬の季節マーク付
春 夏 秋 冬

天ぷらおいしい〜い

● あしたば

マイルドのものと本気で辛いものがある

● からし菜

東京の伝統野菜「江戸東京野菜」

● のらぼう菜

このてつ味が似てる

同じものという説も

北関東の伝統野菜

● かき菜

春菊

生で食べても美味

● ● ●

シャキーンとハリがあるものが新鮮♪

にら

● ● ●

モロヘイヤ
ネバネバが
胃腸に
やさしい
茎の中が
空洞だから
この名前
空芯菜
つるむらさき
茎が緑色の
ものも ある
落語「青菜」の
季節は夏。
もしかすると
モロヘイヤ？
タアサイ
シャキシャキの
食感が人気
水菜
京菜とも呼ぶ
葉に厚みが
あるけど
やわらか〜い
ちんげん菜
葉の色が濃いものがおいしい
漬け物以外の
料理でも使うヨ
巻いていない
白菜
野沢菜
しろ菜
小松菜

白ねぎ派？青ねぎ派？

葉 ねぎ

口がねぎくさいときには牛乳を飲んで

ツーンとにおうのは、アリシンという物質。体を温める効果があるそう。アリシンは熱に弱いため、風邪を引いたときは煮込まず、辛みが残る程度で食べています。

下仁田ねぎ

太めボディ。鍋の王様。加熱すると甘くトロトロ。

長ねぎ

白い部分は、土の中で日に当たらないためやわらかい。

納豆は白ねぎ派です

リーキ

フランス出身の太い品種。煮込み料理や炒め物に。

子どもの腕ぐらいの太さ

わけぎ

ねぎとたまねぎの雑種。甘みがある。

九条ねぎ

やわらかい葉ねぎ。関西で多く栽培されている。

赤ひげねぎ

水戸出身の赤ねぎ。甘くてやわらかい。

うどんには青ねぎを山盛り派です

万能ねぎ

九条ねぎの改良版。若いうちに収穫。やわらかく、薬味にピッタリ。

葉 アスパラガス

昔、焼き鳥屋のバイトで
アスパラ巻きを作っていた。
ぶたバラがポイント

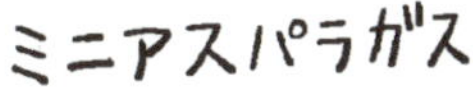

グリーンアスパラガスを早採りしたもの。とてもやわらかい。

グリーン アスパラガス

スーパーにならぶ一般的なもの。我が家ではサラダにすると穂先の部分が取り合いに。

独特の香りがする野菜。生で食べても加熱してもおいしい。

セロリを
レモン汁＋ナンプラーに
一晩漬けると美味

もうひと言！

夫の野菜嫌い克服大作戦

子どもの脳は野菜の苦みを毒と判断してしまうけれど、大人になると毒でないことを学習するため、食べられるようになるのだとか。

それならばと、採れたて野菜にチーズ、にんにくなど味と香りの強いものをかけて出し続けたところ、野菜嫌いの夫が「野菜って、うまいな」と。ハハハ、大成功！

葉 ハーブ

あまったときは乾燥させて

料理の味や風味をアップしてくれるだけでなく、防虫・殺菌・薬用・美容効果まであります。ベランダの片隅で簡単に育ちます。フレッシュな香りを楽しんで。

パクチーカクテル
パイナップルジュース
+
ジン
+
パクチー
製氷皿で凍らせた
パイナップルジュースと
ジンをミキサーへ
パクチーをのせて完成
パクチー
ご飯に
サラダに
スープに
パクチー大好き
めん類、丼物に
パクチー＋レモンが
マイブームです♪
香りが
不眠に効く
らしい
みつば
ディル
魚料理に
ぴったり
せり
春の七草
水田の周りに
自生しています
クレソン
水がきれいな所には
自生していることも
肉のくさみ
消しに
オレガノ
おひたしにしても美味
ルッコラ
チャービル
ケーキの上に
よくある
ナゾの葉が
これ

ウイスキーやワインに漬けて楽しむハーブ

お酒にハーブを入れて１日以上置くだけで、ハーブウイスキーやハーブワインのできあがり。香りが加わり、おいしさがアップします。

葉はよく水分を拭いてから

ハチミツやフルーツをプラスしてもgood
HOTでも

ハーブウイスキーに
ローリエ
煮込み料理にも合う

ハーブ赤ワインに
ハーブ白ワインに
スイートマージョラム

甘い香り
肉の臭み消しに

トマトやチーズにも合う
ハーブウイスキーに
バジル

ハーブ赤ワインに
セージ
ソーセージに入っているハーブ

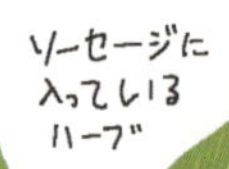

ハーブ白ワインに
ローズマリー
さわやかな香り
美肌効果あり

ハーブ白ワインに
レモングラス
お茶にしたりトムヤムクンにも

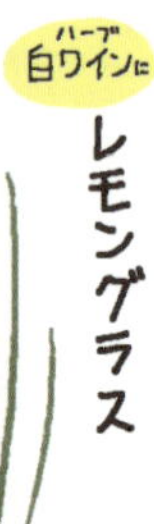

ハーブ赤ワインに
タイム
さわやかな香りと苦味
肉料理にも合う

翌年のため根を残して摘もう

菜 山菜

子どもの頃、山菜摘みに行くのが、待ち遠しかったものです。近くの河原でも、食べられる野草が見つかるもの。散歩がてら、旬の味覚探しに出かけてみてください。

おうちでもカンタンに育てられるヨ

野菜の赤ちゃんは成長するための栄養たっぷり！

芽 スプラウト

野菜の若芽のこと。水耕栽培のため、天候に左右されず、栽培日数は１週間前後。お財布にも嬉しいうえ、栄養価も高い優等生です。

ブロッコリー

抗がん作用で注目されるスルフォラファンが、生長したブロッコリーより多く含まれる。

かいわれ大根

大根の種を発芽させたもの。ピリッと辛く、薬味にもぴったり。

マスタード

からし菜の種を発芽。粒マスタードのような香り。

そば

そばの実を発芽させたもの。茎が赤いので、サラダの彩りに。

豆苗

えんどう豆を発芽させたもの。茎を切った後、根を水に浸けると再収穫できる。

オクラ

オクラの実と同じく、新芽も少しネバネバ。

花 アーティチョーク

ゆり根のように
ホクホクして、
ほろ苦さがある。
見た目が美しい
おしゃれ野菜。

花 ブロッコリー

こんもりした蕾を食べる。カロチンや葉酸がたくさん含まれている。

花 ロマネスコ

日本では目新しいけれど、イタリアでは伝統的な品種。味はコリコリしたブロッコリー。

もうひと言!

ロマネスコの花

蕾が集まり、結晶のような幾何学模様をしたロマネスコ。数学の好きな神様が作ったのでしょうか。この蕾が一斉に開花したら、どうなるのか？

なんと、幾何学模様は関係なく、菜の花のような花が自由に伸びて咲いていました。

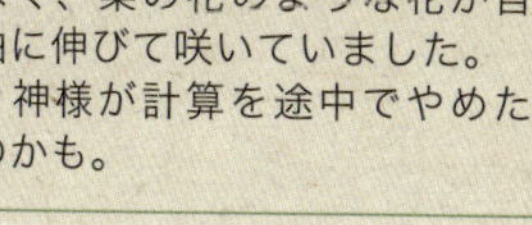

神様が計算を途中でやめたのかも。

色彩のヒント

ワンカラーでモダンにおしゃれ

最近、おしゃれさんの間でワントーンコーディネートが流行しています。全部真っ白だったり、色の濃淡を変えてみたり。料理も遊びゴコロがあると素敵ですね。

ビリジアンサラダ

緑色の野菜だけをあつめたサラダ。

グリーングリーンカレー

ほうれん草のカレーのまわりをゆでた野菜で飾りつけ。

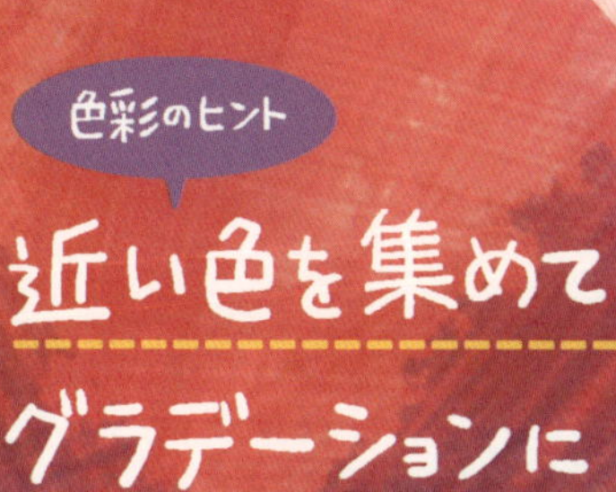

色彩のヒント

近い色を集めてグラデーションに

野菜をグラデーションになるように並べる色遊び。子どもと一緒にやると、野菜の名前も覚えるし、絵の具で色を作るときのヒントにもなります。

お日さまサラダ

紫たまねぎ→トマト→パプリカ→にんじん→エビの順に並べて赤色グラデーションに。

野菜の切り口でアートを楽しもう

コラム

野菜の切り口は、よく見るとユニークな形をしています。シワシワ模様やバラの形など。それに絵の具をつけて、紙やTシャツにスタンプすれば、自然を写し取ったアート作品のできあがりです。

そうだ!!
きれいな形♡
捨てるのもったいないね
ポイポイ
野菜スープだよ!
おなかすいた〜
DAD
トントン
ちんげん菜
長ねぎ
ピーマン
たまねぎ
にんにく
れんこん
にんじん
おくら
にんじんの葉
野菜スタンプを作ってみよう!
野菜の切れ端を集めて絵の具をつけてポン
いろいろな形を発見
必要なもの
・野菜の葉や切れ端
・アクリル絵具
・絵具を溶く皿
500mlヨーグルトのフタが便利
・筆
・雑巾
・新聞紙
・アイロン
・スタンプしたいもの
Point
野菜の切り口の水分を拭いてから絵の具をつける。

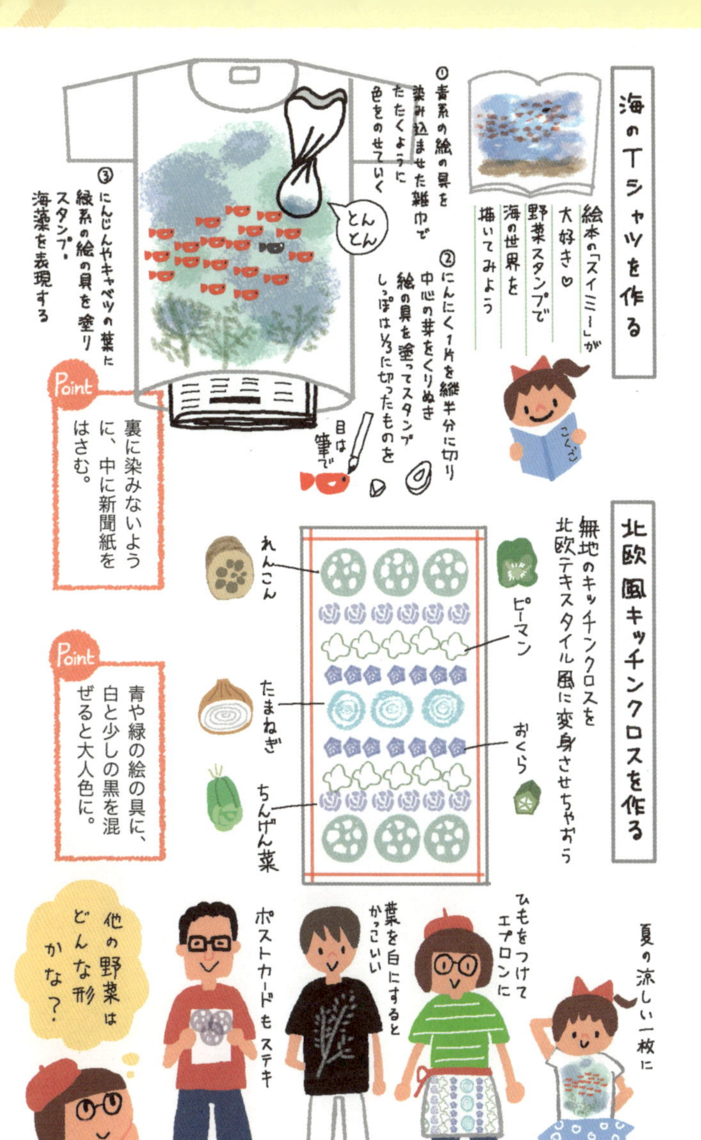

海のTシャツを作る
絵本の「スイミー」が大好き♡野菜スタンプで海の世界を描いてみよう
①青系の絵の具を染み込ませた雑巾でたたくようにに色をのせていく
とんとん
②にんにく1片を縦半分に切り中心の芽をくりぬき絵の具を塗ってスタンプ
しっぽは1/3に切ったものを
目は筆で
③にんじんやキャベツの葉に緑系の絵の具を塗りスタンプ。海藻を表現する
Point
裏に染みないように、中に新聞紙をはさむ。
北欧風キッチンクロスを作る
無地のキッチンクロスを北欧テキスタイル風に変身させちゃおう
れんこん
ピーマン
たまねぎ
おくら
ちんげん菜
Point
青や緑の絵の具に、白と少しの黒を混ぜると大人色に。
夏の涼しい一枚に
ひもをつけてエプロンに
葉を白にするとかっこいい
ポストカードもステキ
他の野菜はどんな形かな？

Color 06

白色の野菜

●白衣の天使が健康を守る

真っ黒な土の中で育ち、洗うと真っ白な野菜。か弱き乙女の印象に反して、栄養はたっぷり。人間もそうですが、見かけに騙されてはいけません。

風邪をひいたときの民間療法といえば、しょうが湯、にんにくの丸焼き、だいこんのはちみつ漬け、れんこん汁。土の中で育つ野菜は体を温める効果があるそうです。

寒い冬、白色の野菜を毎日とると、風邪をひかないかも。だからといって、不規則な生活をすると病気になっちゃいますけどね。

カゼの時は
白色野菜の
シチューが
オススメ

ゲホ
ゲホ

風邪をひいたときの
お助けアイテムは……

出番が多いのは「しょうが湯」。体の芯からぽかぽかに温まります。お寿司のガリでも代用できます。

しょうが湯

ポカ
ポカ

おろししょうが
+
はちみつ
+
レモン
+
お湯

はちみつだいこん

漬けるのは面倒だから
おろしちゃう
エヘ

だいこんおろし
+
はちみつ
+
お湯

れんこんジュース

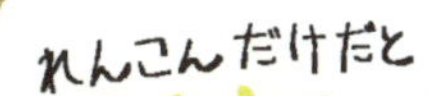
れんこんだけだと

まずい!

れんこんのすりおろし + りんごのすりおろし + お湯

あまったら
干して
切り干しに

だいこんおろしアートで人気

根 だいこん

だいこん
おろしの
クマ

春の七草では「すずしろ」ですね。各地でさまざまな品種が栽培されています。旅先では、その地域でしか食べられないご当地だいこんを要チェックです。

葉はすぐ切り
分けよう
だいこんが
パサパサに
なっちゃう

聖護院（しょうごいん）だいこん

京野菜。
まん丸。

青首だいこん

店頭でよく見かける。みずみずしくて生でもおいしい。

亀戸だいこん

東京都亀戸の伝統野菜。小ぶりでひときわ色が白い。

三浦だいこん

三浦半島特産。大きくて下ぶくれの体形に親しみを感じる。

桜島だいこん

大型で甘く、きめが細かい。桜島の火山灰質の土壌で育まれる。

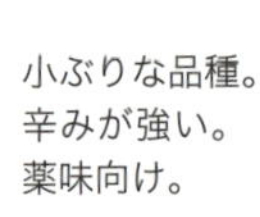

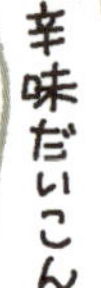

辛味だいこん

小ぶりな品種。
辛みが強い。
薬味向け。

守口だいこん

日本一長いだいこん。
2m近いものも。

かぶの葉はぜひジェノベーゼに

根 かぶ

春の七草では「すずな」。だいこんとともに、「日本書紀」に登場するほど、古くから日本人に愛されてきました。そのため、たくさんの伝統野菜が生まれています。

みやま小かぶ

甘みがあり、やわらかい。

小かぶ

しっとりしてやわらかい。入手しやすい。

ヒゲ根が少ない方がおいしい

東京長かぶ

だいこんのような形で、長さは20cmほど。

天王寺かぶ

大阪の伝統野菜。横に長い丸型。

金町小かぶ

ピンポン球より少し大きい。きめ細やかでやわらかい。東京の伝統野菜。

絵本「おおきなかぶ」の舞台が日本だったらこのかぶだったかも

聖護院かぶ

京都の伝統野菜。「千枚漬け」はこれを使う。

じゃがいもの実は
ミニトマトに似ている

暗い所で保存しよう。緑色になったら食べちゃダメ

根 じゃがいも

口の中でほろほろ崩れるホクホク系は、粉ふきいもやコロッケに。煮くずれしにくいねっとり系は、シチューや肉じゃがに。皮の薄い新じゃがは、皮ごと召し上がれ。

男爵（だんしゃく）

店頭でよく見かける。マッシュしやすいホクホク系。

メークイン

煮込み料理に向いているねっとり系。

キタアカリ

北海道生まれ。甘みのあるホクホク系。

トヨシロ

お菓子のポテトチップに使われる。

色白の
おいもを使う
んだね
ポテトチップ

シンシア

生でも食べられる。粘り気がありねっとり。

はるか

くぼみが赤いおしゃれさん。ホクホクかつねっとり系。

もうひと言！

イモフライは熟成いもで！

蒸かしたじゃがいもを串に刺し、衣をつけて揚げた栃木名物「イモフライ」。これには氷温熟成したじゃがいもしか使いません。ホクホクの新じゃがは、串を刺すと割れてしまうため。

ねっとりと甘いじゃがいもとフルーティなソースのハーモニーは、たまりません。

便秘よさらば

カットする前は冷蔵庫に入れないで

根 山いも・里いも

外は土の色だけれど、中は真っ白。ネバネバがクセになりますね。皮むきで手がかゆいときは、お酢やレモン汁で手を洗うと和らぎます。食物繊維が豊富でお腹すっきり。

長いも

水分が多い山いも。すりおろすとトロトロに。

大和いも

アクが少なくて、粘りが強い。とろろや汁ものにするとおいしい。

自然薯

粘りもうまみも強い。市場にはあまり出ない。残念。

土垂

関東に多く流通する里いも。粘り気がありやわらかい。

タケノコいも

「京いも」ともいう。アクが強く、ねっとりしている。

やつがしら

親いもに子いもがついている。観賞用に育ててもステキ。

セレベス

ホクホクした食感。芽が赤い。赤芽いも、大吉いもとも呼ぶ。

巻き貝のような形。おせちの定番。
縁起物として、梅酢で漬けて赤に。

葉 たまねぎ

お店でよく見るのはこれ。乾燥させてから出荷されるため皮が茶色。

秋に植え、春に収穫する。辛みは少なく甘い。

葉が青々とした若いうちに収穫したもの。

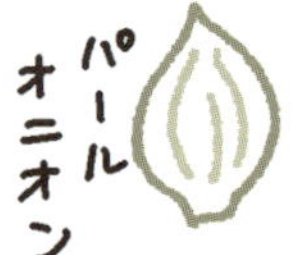

2cmくらいの小たまねぎ。

葉 らっきょう

らっきょう

ネギ属独特の香り。

らっきょうを早採りしたもの。生で食べられる。

のびる

日本の山菜。にんにくのような香り。

葉 ゆり根

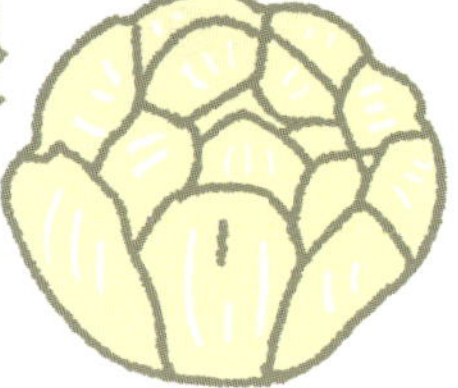

ゆりの球根部分。加熱すると甘く、ホロホロした食感が楽しめる。

葉 ホワイトアスパラガス

グリーンアスパラガスを光に当てず育てたもの。香りは弱いけれど、甘みがある。

缶詰は根元から食べると節が残らない

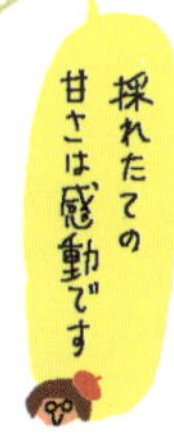
採れたての甘さは感動です

葉 うど

香りと苦みのある大人の味。光を当てず、地下室などで育てる。

採れたてを生で食べるとさわやかな香り

おかか
+
しょう油で

葉 にんにく

栄養豊富で香りが強い。おいしいけれど、息がくさくなるのが悩みの種。無臭タイプも。

葉 スプラウト

もやし

緑豆を発芽させたスプラウト。甘みがあって、歯応えシャキシャキ。

アルファルファ

「むらさきうまごやし」という牧草を発芽させたもの。

花 カリフラワー

日光に当たらないように栽培された、色白の箱入り娘。生でも食べられる。

実 白ズッキーニ

アクが少なく、加
熱するとトロリと
した食感になる。

ベレー帽のような
UFOズッキーニ。
完熟前が食べ頃。

頭にのせたら
しっくりきた♪

実 白ゴーヤ

緑のものより小ぶ
り。苦みは少なめ。
生でサラダにも。

実 白なす

アクが少ない。加
熱するとトロリと
しておいし～い。

実 とうがん

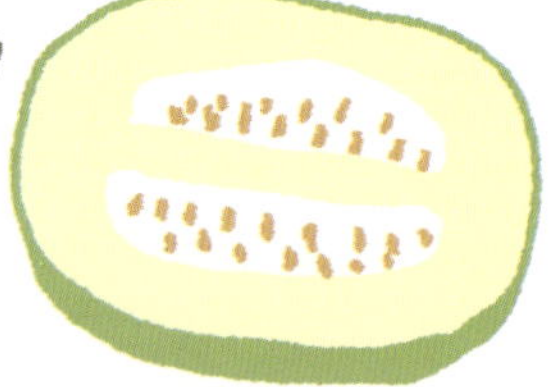

だいこんよりやわらか
な口当たり。カリウム
が多い。むくみ改善に。

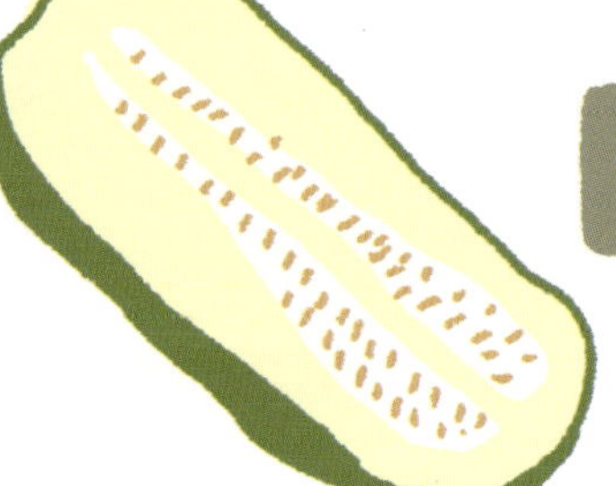

実 ゆうがお

果肉をみそ汁に入れた
り、蒸して食べる。干
すと「かんぴょう」に。

かんぴょうの
酢のもの
大好き

実 白パプリカ

ミニパプリカ
の白色品種。

野菜じゃないけど特別出演

菌 きのこ

おいしいだし たっぷり。野菜料理の相棒

おいしいのに低カロリーで、ダイエットの味方です。干すと栄養価や風味がアップ。買ってきたら、すぐお日様の下へ。生のまま冷凍保存しても、うまみが増します。

えのきだけ

みりんとしょう油で煮て「なめたけ」にするとご飯がすすむ。

安売で80円台安さが魅力
ハンバーグはえのきでかさ増し

やまぶしだけ

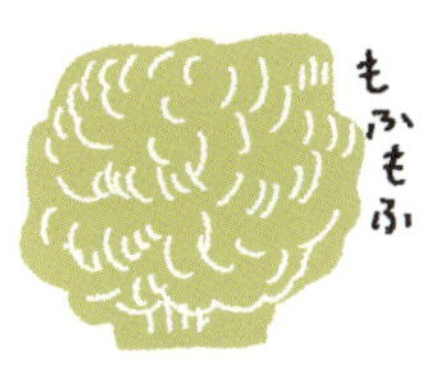

もふもふ

ウサギが丸まったような見た目をしている。

マッシュルーム

生食は香りがたまりません

きのこではめずらしく生食できる。クセも少ない。

はなびらたけ

花びらのような傘が特徴。シャキシャキ食感。

ホワイトぶなしめじ

つるっぷりっとした食感。ぶなしめじの改良種。

白まいたけ

茶色のまいたけよりアクが少なく、スープや他の野菜が黒ずまない。

コプリーヌ

イタリアのきのこ。歯ごたえとうまみが特徴。

色彩のヒント

リズムよくならべて心踊る一皿に

リズミカルな音楽は、こちらもつられてステップを踏みたくなります。お皿の上でも、リズミカルな演出があったら心踊るはず。その日の気分に合わせて、タンタンタンタンの日もあれば、タタタタタンの日も。今日はどんな日？

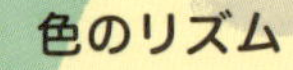

大小のリズム

大きなトマトとミニトマトの輪切りを並べるだけで楽しい。

色のリズム

イタリアンの日は、イタリア国旗カラーをバランスよく配色。

スペイン料理
ピンチョスはリズム料理
テープを爪楊枝に巻いたオリジナルスティックで仕上げ。
マスキングテープでお好みのスティックを
ブラックオリーブ
きゅうり
チーズ
ミニトマト
にんじん
オリーブ
エビ
ズッキーニ
ケッパー
バジル
卵
トマト
にんじん
チーズ
鮭
しいたけ

コラム

7色野菜で"こねないパン"を焼こう

こねないでできるパンをご存知ですか？ なんと材料を混ぜて寝かせて焼くだけ。そんな「こねないパン教室」を私の家で開いていただきました。特別にお願いして、7色の野菜を使ったレシピ。パン初心者の私でもおいしくできました！

パンライフオーガナイザー青木光左代先生がうちに来た

こんにちは～

わざわざこんな家までありがとうございます

わ～!!

青木先生は、醸造学を学んだ経験から考えだした「こねないパン」の出張料理教室を開催しています

材料

ホシノ天然酵母・・・・24g
塩・・・・・・・5g
水・・・・・・・220g
国産強力粉・・・・300g
ミックスベジタブル・100g
A（紫芋、じゃがいも、赤パプリカ）・・合計150g
黒ごま・・・・・・5g
白ごま（表面用）・・・・適量

・大きめのスプーン
・タッパー（2ℓぐらい）ボールでもOK
・オーブンペーパー
を用意してください

①事前にホシノ天然酵母は起こしておく（水は分量外）。

他の酵母を使う場合は強力粉や水の量をお好みで調整しよう

起こし方はそれぞれのパッケージに書いてある方法で

起きろ～

②材料Aを1センチ角に切り、ミックスベジタブルと一緒に電子レンジでチンする（600Wで3～4分）。

後で焼くから半生で大丈夫

③タッパーに酵母、塩、水、粉の順で計りながら入れ、スプーンで混ぜる。
酵母
塩
水
強力粉
粉っぽさがなくなるまでまぜる
一つのタッパーで計れば洗い物が減ります
動きに一つもムダがない
④黒ごまと②を③に加え混ぜる。生地全体と具が混ざったらフタをして室温で3～5時間発酵させる。
Point
大豆粒くらいの泡が出てきたら、発酵OK！
プクプク
⑤スプーンで生地を4回、2つに折ってから、オーブンペーパーの上に出す。
てろ～ん
アルミトレイに入れると形がキレイ
Point
タッパーの角からスプーンを入れて2つに折ると簡単。
⑥オーブンで2次発酵させる(40℃で15分)。生地をオーブンから出し、250℃に予熱開始。
⑦生地に白ごまを振り250℃で25分焼く。
Point
他にかけるなら、チーズ、ケシの実、強力粉など。
⑧焼けたパンは網に乗せて冷まし、できあがり。
表面のコゲ防止のために
パラパラ
中がしっとり！
野菜のうまみと甘みが出て、おいし～い！
ボリュームがほしい時はチーズやハムを

Color 07

黒色の野菜

●料理を引き締め、ごまかす

「ごまかす」の諸説ある語源の一つが、江戸時代の「ごま菓子」。中が空洞の「胡麻胴乱（ごまどうらん）」というお菓子から、見かけ倒しのことを「ごまかし」というようになったとか。よい香りに誘われて、買ってみれば中身がない。江戸庶民のガッカリする姿が目に浮かびます。

ごまかしテクは、家でも大活躍。煎りたてのごまを手抜き料理に振りかければ、あら不思議。香りと食感でおいしさ三割増し。黒色の野菜を加えれば栄養も増えます。ごまかさないで、ごまを摂ろう。

妊娠すると食の好みが変わる。私は「黒ごま」を一日中、食べていた。叱られないように家族に隠れて食べるのだけど口を開けると、お歯黒状態ですぐバレる。黒ごまは、ごまかせない。

のせてまぶしてごまかしご飯

黒ごまサクサクごぼう

千切りにしたごぼうをサクッと揚げて、ごま塩をまぶす。

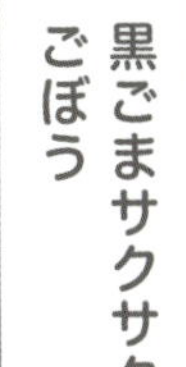

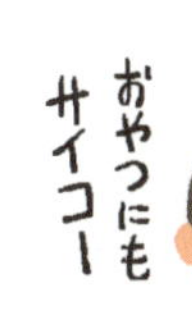

おやつにもサイコー
ごまで香りとうま味をプラス

畑のキャビアと残り物のオープンサンド

トーストしたフランスパンに、お好みの具材ととんぶりをのせる。

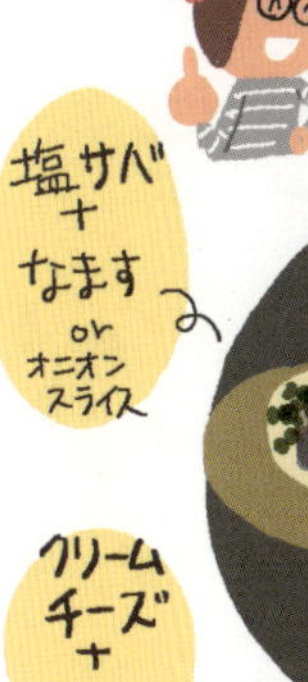

実 黒トマト

熟すと赤黒くなるミニトマト。
中も黒みがかっている。味が濃い。

実 黒パプリカ

中は緑色。加熱すると皮も緑色
に変色する。

実 とんぶり

ほうき草の実で、
「畑のキャビア」と
呼ばれる。プチプチ
した食感が楽しい。

実 黒豆

おせち料理でおなじみ。色
よく煮るために使う錆びた
釘がない場合、栄養剤の鉄
剤でも代用可能らしい。

実 黒ごま

アフリカ原産。白ごまに比べ、
香りが強い。アントシアニン
や鉄分が含まれて栄養豊富。

すりごまに
メイプルシロップを
混ぜるだけの
「ごまジャム」
子供に大人気

根 黒だいこん

泥で汚れているように見えるけれど、皮は黒くて中が白い。加熱するとホクホクに。

輪切りにすると

小型種もある

黒長だいこん

黒丸だいこん

根 ごぼう

食物繊維がたっぷり。食べている国は日本だけ!?

ごぼうとチョコの相性最高!!

砂糖で煮たor揚げたごぼうにチョコをつけて

うま〜い

ヘルシーだし

チョコカップケーキにごぼうを混ぜて

すぐ使わないときは土を洗わないで

菌 トリュフ

カシやブナの根元に生えるデコボコしたきのこ。日本にも自生しているらしい。

菌 きくらげ

「木耳」と書く

くらげの食感に似たきのこ。乾燥品より、生を調理した方がプリプリしている。旬は夏。

干して凍らせて保存できる

プラス1カラー

テーマカラーに近いもう1色

茶色の野菜

きのこは菌類ですが、野菜売り場の人気者として紹介します。原木栽培は旬の時期にだけ、菌床栽培は1年中食べられます。香りや味の違いを食べ比べてみましょう。

あかもみだけ
もみ林に生える

ぬめりがある
柿の木だけ

ほんのり苦み
くりたけ

肉厚のものが美味
しいたけ

しめじ
漢字で書くと「湿地」

ぬるぬるがおいしい
なめこ

昔、しめじとして売られていた
ひらたけ

うまみたっぷり
ブラウンマッシュルーム

たんぱく質豊富
ほうびだけ

私の大好物 生は流通が少なくて残念
ポルチーニタケ

身がしっかりしているものがおいしい
まいたけ

香りの王様
まつたけ

1roomしいたけ栽培

食べることにも困っていた貧乏学生の頃。きのこ農家の叔父がしいたけ栽培キットを送ってくれた。

エヘエヘ
風呂・トイレなし六畳アパートでしいたけと暮らす非モテ女子

❶水をかける

育てやすい菌床栽培がおすすめ。袋から出してお皿に置き、コップ一杯程度の水をかける。

❷ビニール袋に入れる

❸霧吹きで湿らせる

表面がさらっとしてきたら

カビが生えてしまったら、歯ブラシでこすり落とし、日陰で1日風にあてよう。

❹1週間ぐらいで完成

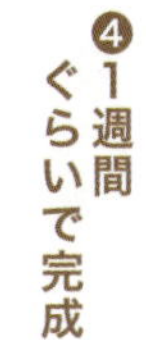

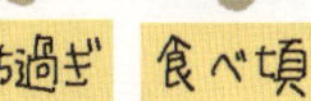

焼いてしょう油をたらして食べるとじゅわっと汁気が
うまっ

収穫後、1日水に浸してからビニール袋へ。もう一度収穫できます。

色彩のヒント

お絵描きするように盛り付ける

絵を描くように料理を作れば、いつもの食卓がミュージアムに変身します。フレンチのアート作品のような盛り付けはもちろん、家庭では簡単に顔を描くだけでもうきうきします。

モチーフやテーマを決める

お絵描きのモチーフやテーマを決めると、イメージが膨らみやすく、みんなで盛り上がることができます。我が家では、私が描いたイラストをもとにキャラご飯を作ります。

パーツ1

主人公
（これは娘と息子）

キャラクター

いろいろな食材でパーツを作って、
お話を空想しながら登場人物やパー
ツを大皿に盛り付けていきます。

おわりに

野菜イベントでは、
うかない表情のお客様が
野菜や作品を手にすると
ぱぁっと明るい顔になる姿を
見ました。

作家や農家さんが
心をこめて作るものには
人を元気にする「なにか」が
含まれているのでしょう。
そういう意味では、違う職業のようで
同じ仕事ともいえますね。

絵を描くとき、
料理を盛り付けるときは
人を楽しませようとする遊び心が
大切なんだと思います。

毎日の料理が
もっと楽しくなりますように。
野菜をもっと
好きになっていただけますように。

参考資料

『47都道府県・地野菜／伝統野菜百科』成瀬宇平、堀知佐子著（丸善）／『かしこく選ぶ・おいしく食べる 野菜まるごと事典』猪股慶子監修（成美堂出版）／『からだにおいしい野菜の便利帳』板木利隆監修（高橋書店）／『からだにやさしい旬の食材 野菜の本』（講談社）／『簡単・無駄なし！ 野菜のストック便利帳』徳江千代子監修、牛尾理恵料理制作（大泉書店）／『最新版 栄養がわかる 体によく効く食材事典』廣田孝子監修（学研パブリッシング）／『野菜のソムリエ』青果物健康推進委員会監修（小学館）／「2012年版野菜ブック〜食育のために〜」独立行政法人農畜産業振興機構（http://vegetable.alic.go.jp/yasaibook/）／東京多摩青果株式会社ウェブサイト（http://www.tamaseika.co.jp/introduce/）／日本いも類研究会ウェブサイト（http://www.jrt.gr.jp）

〈著者プロフィール〉

植木美江（うえきよしえ）

栃木県出身。女子美術短期大学卒業。野菜とベレー帽とメガネを愛する二児の母。グラフィックデザインの仕事などを経て、イラストレーターになる。明るい色調のかわいらしいタッチを得意とし、挿絵や装画や絵本にと奮戦中。10年ほど前、どこまでも走り続ける息子のために、広い公園がたくさんある小金井市に引っ越す。この後、震災を経験。乳児を抱え不安な気持ちをSNSで多くの人に励まされ、人とのつながりの大切さに中年になって気づくことに。たくさんの面白い人々とSNSでつながっていくうちに生まれた「手しごと　むすび市」というマルシェ。そこから江戸東京野菜と出会い、野菜オタクの道へ。

7色野菜の便利図鑑
2016年10月5日　第1刷発行

著　者　植木美江
発行人　見城 徹
編集人　福島広司

発行所　株式会社 幻冬舎
　〒151-0051　東京都渋谷区千駄ヶ谷4-9-7
電話　03（5411）6211（編集）
　03（5411）6222（営業）
　振替00120-8-767643
印刷・製本所　図書印刷株式会社

検印廃止

ISBN978-4-344-03015-2　C0095
幻冬舎ホームページアドレス　http://www.gentosha.co.jp/

この本に関するご意見・ご感想をメールでお寄せいただく場合は、comment@gentosha.co.jp まで。